BEI GRIN MACHT SICH IHR WISSEN BEZAHLT

AF139848

- Wir veröffentlichen Ihre Hausarbeit, Bachelor- und Masterarbeit

- Ihr eigenes eBook und Buch - weltweit in allen wichtigen Shops

- Verdienen Sie an jedem Verkauf

Jetzt bei www.GRIN.com hochladen und kostenlos publizieren

Bibliografische Information der Deutschen Nationalbibliothek:

Die Deutsche Bibliothek verzeichnet diese Publikation in der Deutschen National-bibliografie; detaillierte bibliografische Daten sind im Internet über http://dnb.d-nb.de/ abrufbar.

Impressum:

Copyright © 2017 GRIN Verlag
Druck und Bindung: Books on Demand GmbH, Norderstedt Germany
ISBN: 9783668646810

Dieses Buch bei GRIN:

https://www.grin.com/document/411767

Thomas Kellenberger

Konfliktlösung durch Führungskräfte und Teamerfolg durch Leistungsprämien

GRIN Verlag

GRIN - Your knowledge has value

Der GRIN Verlag publiziert seit 1998 wissenschaftliche Arbeiten von Studenten, Hochschullehrern und anderen Akademikern als eBook und gedrucktes Buch. Die Verlagswebsite www.grin.com ist die ideale Plattform zur Veröffentlichung von Hausarbeiten, Abschlussarbeiten, wissenschaftlichen Aufsätzen, Dissertationen und Fachbüchern.

Besuchen Sie uns im Internet:

http://www.grin.com/

http://www.facebook.com/grincom

http://www.twitter.com/grin_com

Inhaltsverzeichnis

Abkürzungsverzeichnis

a. a. O. Fn.-Nr.   an anderem Ort Fußnoten-Nummer

bzw.   beziehungsweise

ca.   circa

etc.   et cetera

z. B.   zum Beispiel

u. U.   unter Umständen

u. a.   unter anderen

Abbildungsverzeichnis

Tabellenverzeichnis

1. Aufgabe C1

1.1   Die Transaktionsanalyse – Definition und Anwendung

Der Psychologe Eric Berne entwickelte in den sechziger Jahren die Transaktionsanalyse (TA). Das Modell dient zur Analyse von Gesprächsabläufen und ermöglicht es, sich in andere Menschen besser hineinzuversetzen. Dadurch ist man in der Lage das eigene Verhalten zu begreifen und zu reflektieren.[1] Ziel war es, anhand von neuen Erkenntnissen und Entwicklungen in der Neurophysiologie und Kommunikationswissenschaft, die psychoanalytische Theorie zu erweitern.[2]

Um verschiedene Verhaltensweisen eines Menschen zu erklären hat Eric Berne sein Modell der Ich-Zustände entwickelt, welches das gesamte Verhalten eines Menschen (Denken, Fühlen und Handeln) in drei unterschiedliche Verhaltensweisen/Persönlichkeitsbereiche aufgliedert.[3]

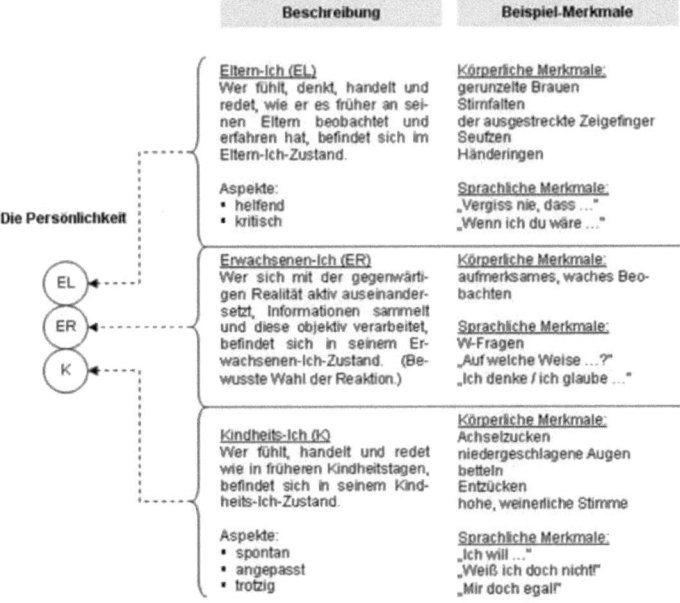

Abbildung 1: Die drei Ich-Zustände

---

[1] Jochum, E./ Horender, U./ Bernitzke, F.H.: 2010, S. 33
[2] Goldbecker, V./ Buchholz, G.: 2009
[3] Jochum, E./ Horender, U./ Bernitzke, F.H.: 2010, S. 33

Die Ich-Zustände sind Bewusstheitszustände, welche durch Wertvorstellungen, Normen, Erfahrungen, Informationen und Gefühle ausgelöst werden und ein Verhaltensmuster bilden. Während einer Kommunikation können die Zustände wechseln, erkennbar ist das z. B. an der Wortwahl, dem Tonfall, der Mimik und Gestik sowie der Körpersprache.[4]

Durch das Aufrufen von gespeicherten Erinnerungen wird der jeweilige Ich-Zustand herbeigerufen. Somit lässt sich der Moment neu aufleben, welcher in der Vergangenheit an wirkliche Entscheidungen und wirkliche Empfindungen erinnert.[5]

Für die Lebensanschauung „Ich bin ok, Du bist ok!" kann man sich laut Harris Thomas im späteren Verlauf bewusst entscheiden. Positive Erlebnisse, positives Denken und Steuerung durch das Erwachsenen-Ich sind jederzeit möglich.

Die Transaktionsanalyse umfasst die Analyse wiederkehrender Kommunikationsmuster. Die Transaktion als Grundeinheit aller zwischenmenschlichen Beziehungen besteht aus einem Reiz/Stimulus (Frage) und einer Reaktion /Response (Antwort) zwischen zwei Ich-Zuständen. Auf dieser Grundlage behandelt die Transaktionsanalyse somit jeden verbalen und nonverbalen Austausch zwischen mindestens zwei Personen[6].

Die Transaktionsanalyse basiert auf drei Grundüberzeugungen:[7]

- Die Menschen sind in Ordnung.
- Jeder hat die Fähigkeit zum Denken
- Der Mensch entscheidet über sein eigenes Schicksal und kann seine Entscheidungen auch ändern.

---

[4] Goldbecker, V./ Buchholz, G.: 2009 S. 6
[5] Harris, T.: 1975 S. 33
[6] a. a. O. Fn.-Nr.1
[7] Stewart, I.; Joines, V.: 2006, S.28 f.

1.2 Transaktionsanalyse für Führungskräfte

In der Betriebswirtschaftslehre gewinnt die Führung zunehmend an zentraler Bedeutung, insbesondere, je mehr diese als Management- bzw. Führungslehre aufgefasst wird.[8]

Management beinhaltet stets den personellen Führungsaspekt, so dass Personalführung eine Teilaufgabe des Managements darstellt. Zu einer guten Führungskraft gehört ein verantwortungsvoller und konstruktiver Umgang mit der Macht, der Leistungsbereitschaft und dem Interesse an einer konstruktiven Zusammenarbeit. Durch Engagement, Motivation und gemeinsamer Zielverfolgung können Mitarbeiter positiv beeinflusst werden. Personalführung ist ein interaktionaler Prozess zielorientierten Einflussnehmens auf Leistungsverpflichtete zum Durchsetzen der zu erfüllenden Ergebnis- und Verhaltensziele. Führung ist somit ein dynamischer Prozess, bei dem Führer und Geführte jeweils den anderen wahrnehmen, bestimmte Erwartungen an ihn herantragen, ihn beurteilen und über Strategien verfügen, wie man ihn zieladäquat behandeln bzw. beeinflussen muss.[9]

1.3 Transaktionsanalyse zur Lösung von Konflikten durch Führungskräfte

Zum Verantwortungsbereich der Führungskraft gehören auch das gezielte Managen von Konflikten und die positive Entscheidungsfindung in Konfliktsituationen. In speziellen Transkations-Seminaren können Führungskräfte lernen, das eigene Ich und das der Mitarbeiter zu durchleuchten. Sie erlangen Kenntnisse über voreingenommene Reaktionsmuster und erlernen Wege zur Souveränität.[10]

Im betrieblichen Kontext übernimmt die Kommunikation einerseits einen funktionalen und zweckgebundenen Aspekt. Sie dient dem zielgerichteten Austausch von Informationen um den Betriebserfolg sicherzustellen.[11]

---

[8] Birker, K.: 1997, S. 14
[9] Boskamp, P./ Knapp, R.: 1999, S. 76 ff.
[10] Bröckmann, R.: 2003
[11] Berthel, J.: 1995, S. 37 ff.

Andererseits übernimmt sie eine soziale Funktion, indem der Ausdruck von Emotionalität und die Herstellung menschlicher Beziehungen am Arbeitsplatz möglich werden.[12]

Während des Kommunikationsprozesses kann es zu starken Kommunikationsstörungen kommen welche sich in vier Hauptursachen aufgliedern lassen:

1. Kommunikationsmangel
2. Senderfehler (z.B. fehlerhafte Codierung durch Verwendung von dem Empfänger unbekannten Fachtermini)
3. Empfängerfehler (z.B. selektive Wahrnehmung)
4. Diskrepanz zwischen WAS und WIE[13]

Konflikte können nun auf verschiedenen Wegen gelöst werden: durch Kompromisse, durch Sieg der einen und Niederlage der anderen Seite oder durch eine Regelung, die alle Beteiligten zufrieden stellt.[14]

Die Transaktionsanalyse untersucht welche Ich-Anteile der beteiligten Kommunikationspartner den jeweiligen Reiz oder die zugehörige Reaktion auslösen. Die Identifikation des Ich-Zustands in Kombination mit dem Wissen über auslösende Situationen liefert die Möglichkeit zur Ursachenanalyse und als Folge daraus zur Problemlösung.[15]

Die Herausforderung für die Führungskräfte besteht darin, sowohl die Ich-Zustände beim Selbstmanagement und im Umgang miteinander zu beobachten und korrekt zu identifizieren. Als Idealzustand für eine konstruktive Kommunikation wird das Erwachsenen-Ich beschrieben und zwar für Stimulus und resultierende Reaktion (Parallele Transaktion), da hierdurch Konflikte vermieden werden und ebenfalls zeitnah lösbar sind.[16]

---

[12] Hentze, J./ Kammel, A./ Lindert, K.: 1997, S. 409 ff.
[13] Regnet, E./ v. Rosenstiel/ L., Domsch, M. E.: 1999, S.217 ff.
[14] Regnet, E./ v. Rosenstiel/ L., Domsch, M. E.: 1999, S.390 ff.
[15] Brums, K.: 2013
[16] Stewart, I./Joines, V.:2000

Jede Führungskraft sollte sich also der verschiedenen Ich-Zustände der zwischenmenschlichen Kommunikation bewusst sein, da jegliche Art von Kommunikation bzw. Gespräch von ihnen beeinflusst werden.[17] Der Einbezug von Gestik, Mimik, Körperhaltung, Stimme und Sprechweise des Gesprächspartners ist als essentielle Komponente zu sehen. Diese stellen Teile des von Berne definierten Begriffs „Stoke" dar. Stokes sind laut Berne für das physische und psychische Überleben der Mensch unabdingbar. Sie stellen eine Einheit der Anerkennung bzw. Wahrnehmung dar und signalisieren dem Partner in einer Kommunikation, dass er bemerkt und wahrgenommen wird. Vor dem Einsatz von negativen Stokes ist generell abzuraten, da der Einsatz nur das unerwünschte Verhalten verstärkt. Mit Lob, Anerkennung und konstruktiver Kritik erreichen die Führungskräfte eher ein positives Ergebnis in ihrem Unternehmen.

---

[17] Rüttinger, R.: 2005

2 Aufgabe C2

2.1 Abgrenzung Team/Gruppe

Eine **Gruppe** besteht aus drei bis zwanzig Mitglieder, die eine gemeinsame Aufgabe oder ein gemeinsames Ziel verfolgen. Hierbei haben die Gruppenmitglieder die Möglichkeit gemeinsam zu kommunizieren. Bei einer Größe von bis zu 20 Personen ist dies noch möglich, danach wird von sogenannten „Großgruppen" gesprochen. Eine Gruppe besteht über eine zeitliche Dauer hinweg, die auch über viele Jahre anhalten kann. Mit der Zeit entwickelt sich auch ein Gruppenzusammenhalt der Mitglieder, und ein sogenanntes „Wir-Gefühl" entsteht.[18]

Teams wird oftmals im Vergleich zur Gruppe ein noch stärkerer Gruppenzusammenhalt oder eine besser funktionierende Kooperation unterstellt.[19] Katzenbach und Smith (1993, 2005) sehen in „echten Teams" die gegenseitige Verantwortung für das Ergebnis (Im Gegensatz zur Einzelverantwortung für die Ergebnisse durch die einzelnen Gruppenmitglieder).[20]

Teams haben eine kleinere Anzahl von Teammitgliedern (2 bis ca. 8 Personen) als Gruppen und werden oftmals auch bezüglich Dauer der Zusammenarbeit, Intensität der Kommunikation, etc. unterschieden.[21] Die Teammitglieder pflegen den direkten Austausch und die sozialen Beziehungen im Team. Wie bei Gruppen sind auch Teams durch die Übernahme unterschiedlicher Rollen gekennzeichnet, z.B. für das gute Klima zu sorgen oder auf die Teamleistung zu achten. Bei Teams wird davon ausgegangen, dass die Rollen noch stärker aufeinander bezogen sind. Hierbei hat jedes Teammitglied eine besondere Aufgabe und leistet seinen individuellen Beitrag zur Teamarbeit. Teams sind komplexe Gebilde die ihre eigene Gruppendynamik besitzen und einem Teamklima ausgesetzt sind.[22]

---

[18] König, O./ Schattenhofer, K.: 2010
[19] Antoni, C. H.: 2003
[20] Katzenbach, J.R., Smith, D.K..: 1993
[21] Antons, K./ Amann, K./ Clausen, A./ König, G./ Schattenhofer, O.: 2004, S. 63
[22] Hackman, J.R.: 1987

2.2 Teamerfolg durch Leistungsprämien

Arbeitgeber haben große Erwartungen an die Teamarbeit, vor allem aus Kostengründen. Unter anderem erwarten sie mehr Effektivität in der Arbeit.[23] Teamarbeit ist nicht nur von Vorteilen gebildet, sie bringt auch einige Nachteile mit sich. Sie kann sehr oft aufwändig sein, da je größer das Team ist, desto schwieriger wird das Projektmanagement.[24]

Zu den Nachteilen zählen auch geringe Gruppenstabilität, erschwerte Kommunikation, erhöhter Stress und geringe Arbeitszufriedenheit.[25] In Teamarbeit kommt auch oft vor, dass sich Menschen unbewusst zurückhalten. Somit geben sie eine geringere Leistung ab, als wenn sie alleine arbeiten und werden oft als soziale Faulenzer betrachtet.[26]

Die erreichten Resultate für die Leistungsziele verteilen sich auf alle Teammitglieder, somit ist der Leistungsträger nicht mehr im Einzelverdienst. Das ganze Team wird gelobt wodurch die Anerkennung für jeden Einzelnen ausfällt.[27] Auf Grund der angeführten Nacheile betrachten die Teams die Teamprämie und die Teambeurteilung misstrauisch.[28]

Wichtig ist, das Verhalten der einzelnen Mitarbeiter zu verstehen. Das Team besteht aus einzelnen Individuen, die unterschiedliche Charaktere sind und unterschiedliche Motivation besitzen. Durch die unterschiedliche Motivation, lässt sich jeder einzelne Mitarbeiter auf andere Art motivieren.[29] Das Wissen ist sehr bedeutend für die erfolgreiche Führung und Motivation des Teams.

Das Anreizsystem als zentrale und moderne Managementtechnik kann als anreizbezogene Interventionsmöglichkeit auf immateriellen (bspw. Zeitautonomie oder Eigenverantwortlichkeit) oder materiellen (Geld- und Sachprämien) basieren.[30]

---

[23] Grotion, K./ Beelich, K.H.: 2004, S.11.
[24] Conrads, S./ Lang, A./ Lorenz, D./ Oberhäuser, B.: 2003, S.343.
[25] Giesche, S.: 2010, S.37.
[26] Haas, B./ Von Troschke, B.: 2010, S.27.
[27] Müthel, M.: 2006, S.8.
[28] Bernitzke, F.H./ Ebert-Steinhübel, A.: 2013, S.67.
[29] Schmidt, S./ Meißner, T.: 2009, S.38.
[30] Dejung, K./Moog, M.: 1998

2.3   Materielle Leistungsanreize

Geld- und Sachprämien sind die traditionelle Art des materiellen Leistungsanreizes. Diese Form kombiniert Zeit- und Mengenlohn. Dem Arbeitnehmer wird ein festes Grundgehalt gezahlt, das um eine Prämie ergänzt wird. Diese Sonderzahlung erfolgt, wenn festgelegte Kriterien eines Prämienmodells, wie beispielsweise der Umsatz eines Vertriebsmitarbeiters, erfüllt oder sogar übertroffen wird.[31]

Je nach Betriebsgröße können Prämienarten unterschieden werden:[32]

- **Quantitätsprämien**: Haben das Ziel der Steigerung der Mengenausbringung. Hier bestimmt die Zahl der erstellten Leistungseinheiten pro Zeiteinheit die Bezugsgröße zur Berechnung der Prämie.
- **Qualitätsprämien**: Haben das Ziel der Verbesserung des qualitativen Produktionsergebnisses und die Prämien basieren auf Qualitätskennzahlen wie Ausschuss und Nachbearbeitungszeit.
- **Ersparnisprämien**: Zielen auf eine Reduzierung bzw. den sparsamen Umgang mit Roh-, Hilfs- und Betriebsstoffen und orientieren sich an einem vorgegebenen Sollverbrauch von Energie.
- **Nutzungsprämien**: Ziel ist eine optimale zeitliche Kapazitätsausnutzung durch Senkung von Warte-, Leerlauf-, Nutzungs-, Wartungs- und Reparaturleistungen wobei diese Zeiten als Leistungsindikator und damit als Prämienbasis dienen.

Anders als bei der Leistungszulage orientiert sich die Festsetzung der Prämien an objektiven Bezugsgrößen. Der Prämienlohn gilt als besonderes differenziertes und flexibles Instrument im Rahmen eines Entgeltanreizsystems, da er gerade angesichts der Notwendigkeit zur operativen Anpassung von Vergütungssystemen auf strategische Ziele hin bedeutsam ist.[33]

Im Vergleich zu einer finanziellen Sonderzahlung besitzt eine Sachprämie, als materielle aber nicht-monetäre Prämie, das Potential einen bleibenden Erinnerungswert für eine besondere Leistung zu schaffen. Folglich darf die Wirkung des sogenannten Statussymbols nicht unbeachtet bleiben.

---

[31] Hering, E./ Modler, K.-H.: 2007
[32] Zander, E./ Femppel, K.: 2000, S. 93f.
[33] Scholz, C.: 2000, S. 747

Hier sollte außerdem der individuelle Geschmack und die Vorlieben des Prämienberechtigten berücksichtig werden, da die Sachprämie keinen Zusammenhang mit der eigentlichen beruflichen Tätigkeit an sich innehaben sollte. Daher bietet es sich für das Unternehmen an, einige Auswahlmöglichkeiten zur Verfügung zu stellen.[34]

2.4 Auswirkung von Leistungsanreizen auf den Teamerfolg

Teamprämien werden häufig da praktiziert, wo der Erfolg einer Abteilung oder einer Gruppe nicht den individuellen Leistungen der Mitarbeiter zugeordnet werden kann (z. B. Projektgruppen in der Produktentwicklung oder Arbeitsgruppen in komplexen Fertigungsprozessen).[35] Bei diesen Modellen wird zumeist die Leistung des gesamten Teams als Berechnungsgrundlage zur Ausschüttung der Belohnung genutzt, da hier nur eine geringe Wahrscheinlichkeit dazu führt, dass sich einzelne Mitarbeiter in Konkurrenzkampf begeben, um sich einen Vorteil zu verschaffen.[36]

Generell sollten Anreizsysteme für Gruppen an den Zielen der Gruppenarbeit ausgerichtet sein, um die Wirkung von Zielvereinbarungen zu unterstützen.

Eine Entlohnung auf Gruppenebene kann die Entwicklung von Kohäsion und Identifikation mit der Gruppe fördern, sowie die gegenseitige Abhängigkeit untereinander verdeutlichen und damit Motivationsverluste verhindern.[37]

Neuere Übersichtsarbeiten zeigen allerdings, dass gruppenbasierte Entlohnung nicht immer positiv mit der Gruppenleistung korreliert.[38] Dies liegt u. a. daran, dass bei gruppenbasierter Entlohnung der Ertrag des persönlichen Engagements u. U. weniger deutlich ist, so dass Motivationsverluste oder Konflikte entstehen können.

Die Effektivität von teambasierten Anreizsystemen hängt von einer Vielzahl von Faktoren ab. Das folgende Modell von De Matteo und Kollegen integriert dabei empirische Befunde und untersucht den Zusammenhang zwischen gruppenbasierten Anreizen und der Effektivität von Gruppen.

---

[34] Scholz, U.: 2002.
[35] Scholz, C.: 2009
[36] Lawler, E.E.: 2000
[37] DeMatteo, J. S. & Eby, L. T. & Sundstrom, E.: 1998
[38] et al., 1998; Snell & Dean, 1994

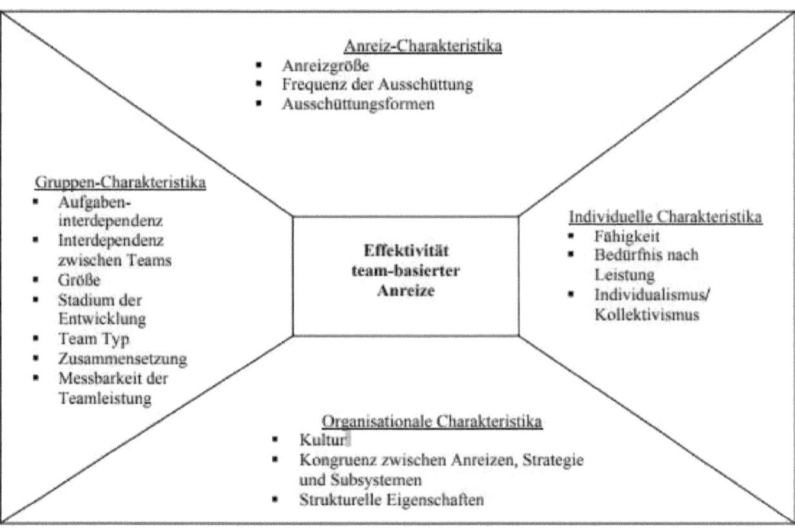

Abbildung 2: Rahmenmodell zur Effektivität gruppenbasierter Anreize nach DeMatteo et al. (1998)

Eine gänzliche Aufklärung der Effektivität teambasierter Anreize steht zwar noch aus, jedoch weisen einige Befunde daraufhin, dass gerade bei interdependenten Teamaufgaben eine Kombination individueller und Gruppenanreize eine stärkere positive Auswirkung auf die Gruppenleistung zeigen, als lediglich individuelle Anreize. Der variable Einsatz sowohl von monetären, nicht-monetären und sozialen Anreizen zur Förderung des Teamerfolgs wurde ebenfalls noch nicht systematisch untersucht.[39]

Eine besondere Herausforderung stellt die „gerechte" Verteilung von Teamprämien, auf die einzelnen Mitglieder dar. Zentrale Elemente sind dabei Fairness, Transparenz sowie eine umsichtige Abstimmung der Entlohnungssysteme mit den jeweiligen Zielen und Aufgabenbedingungen der Gruppe.[40] Die effektivste Entlohnungsstrategie ist sicherlich eine, die eine gute Gruppenleistung belohnt und gleichzeitig besonders herausragende Einzelleistungen würdigt.[41] Darüber hinaus sind die jeweiligen Rahmenbedingungen des Teams wie Entwicklungsstand und Innovationsfreudigkeit der Organisation, die Art der Gruppenarbeit sowie die Qualifikation und Flexibilität der Mitglieder zu beachten.

[39] DeShon, R.P. eg al.: 2004
[40] DeMatteo et al. 1998
[41] Snell & Dean, 1994

Häufig ist der Beitrag des Einzelnen am Erfolg dennoch sehr schwierig abzuschätzen, weswegen oft eine am Teamerfolg orientierte Bezahlung für alle Gruppenmitglieder vorgezogen wird.[42] Dies kann zur Folge haben, dass sich manche Teilnehmer sozusagen auf die „faule Haut" legen. Diese Motivationsverluste bei Gruppen und Teams beschreiben Hertel und Scholl (2006) folgendermaßen:

- **Soziales Trittbrettfahren**: Teammitglieder bekommen den Eindruck, dass ihr individueller Beitrag nicht wichtig erscheint und als Folge reduzieren sie ihre Anstrengung (kommt häufig bei größeren Teams/Gruppen vor).

- **Gimpel-Effekt**: Teammitglieder nehmen Ungleichheit der einzelnen Beiträge wahr und reduzieren daraufhin ihre individuelle Anstrengung (nicht der „Dumme" sein wollen).

- **Soziales Faullenzen**: Teammitglieder reduzieren ihre Anstrengungen, da ihr einzelner Beitrag nicht identifiziert oder bewertet werden kann (kommt häufig bei größeren Teams/Gruppen vor).

Eine empfundene Ungerechtigkeit in der Belohnungsstruktur des Unternehmens kann sich nachhaltig auf das Teamklima, sowie das gesamte Betriebsklima auswirken.[43]

Für Unternehmen ist der Einsatz in Teams und Arbeitsgruppen von bedeutendem Interesse. Neben den genannten positiven Effekten wie Motivation und Leistungsbereitschaft kann es leider auch zu einer Vielzahl negativer Konsequenzen und Konflikten kommen. Eine „gerechte" Belohnung bzw. die faire Verteilung teamorientierter Anreize stellt immer noch eine große Schwierigkeit dar.

Besteht ein Team beispielsweise über einen längeren Zeitraum und werden immer die gleichen Teammitglieder für ihren Beitrag ausgezeichnet kann sich ein Leistungsgefälle etablieren und stabilisieren. Dieses Gefälle geht auch immer mit einer negativen Veränderung des Beziehungsgefüges des Teams einher.[44]

---

[42] Gomez-Mejia, L.R./Balkin, D.B.: 1992.
[43] Buscher, U.: 1997.
[44] Leitl, J.: 2016.

3 Aufgabe C3

3.1 Rollenkonzept nach Belbin

Der britische Forscher Dr. Meredith R. Belbin untersuchte in den 1970er Jahren die Auswirkungen der Teamzusammensetzung aus verschiedenen Persönlichkeitstypen auf die Teamleistung. 1981 erschien das Buch „Management Teams" in welchem die Teamrollen-Methode veröffentlicht wurde. Das Modell stellt das Verhalten von Teammitgliedern im Verhältnis zueinander dar. Die Grundannahme bestand darin, dass das Persönlichkeitsprofil eines Menschen auf unterschiedlich starken Ausprägungen von Eigenschaften basiert. Aufgrund der unterschiedlichen Verhaltensmuster der Mitglieder kristallisierte er neun Teamrollen heraus.[45] Diese können wiederum in drei Kategorien eingeteilt werden:

- Drei handlungsorientierte Rollen: Der Macher, der Umsetzer, der Perfektionist
- Drei kommunikationsorientierte Rollen: der Koordinator, der Teamarbeiter, der Weichensteller
- Drei wissensorientierte Rollen: der Neuerer, der Beobachter, der Spezialist

Seine Forschungen ergaben letztendlich: Wenn alle Rollen ausgewogen besetzt sind, erringt das Team die beste Leistung.[46]

Das Persönlichkeitsprofil eines Menschen entwickelt sich über einen langen Zeitraum und verändert sich durch äußere Einflüsse. Folglich besitzt jeder Mensch seine individuellen Stärken und Schwächen, auch in Bezug auf ihr Rollenverhalten im Team. Belbin entwickelte daher einen Fragebogen, den „Belbin Team Roles Self Perception Inventory", der mittels Selbsteinschätzung genau auf diese Charakteristika abzielt.

Als Ergebnis erhält das Teammitglied zwei Rollen, eine primäre und eine sekundäre Teamrolle. Teammitglieder, deren funktionale Rolle im Team sich mit ihren individuellen Vorlieben am besten deckt, arbeiten am produktivsten und sind am meisten motiviert.

---

[45] Schulte-Kump (2011), Web.
[46] Belbin, M.R.: 1996

Wie bereits beschrieben besteht das aktuelle Rollenkonzept nach Belbin aus neun Teamtypen. Diese untergliedern sich in drei Hauptorientierungen, welche wiederum ihre jeweiligen drei Teamrollen enthalten. Im Folgenden sind die Rollentypen, ihre Aufgaben und Eigenschaften aufgeführt.

Handlungsorientierte Team-Archetypen				
Typ	Aufgabe im Team	Eigenschaften	Stärken	Schwächen
Shaper/ Macher	Formt die Teamaktivitäten, Diskussionen und Ergebnisse	• Angespannt • Dynamisch • Hochaktiv • Aufgeschlossen	• Bekämpft Ineffizienz und Trägheit • Übt Druck aus • Überwindet Probleme • kann unter Druck arbeiten	• Leicht reizbar • Gelegentlich provokant • Unaufmerksam • Keine Rücksicht
Implementer/ Umsetzer	Setzt allgemeine Konzepte und Pläne in praktikable Arbeitspläne um und führt dieses systematisch aus	• Pflichtbewusst • Konservativ • Berechenbar • Verlässlich	• Hohe Arbeitsleistung • Setzt Ideen in die Tat um • Hat Selbstdisziplin	• Unflexibel • Wenig kreativ • zögerlich
Completer/ Perfektionist	Vermeidet Fehler und Versäumnisse, stellt optimale Ergebnisse sicher	• ordentlich • sorgfältig • gewissenhaft • ängstlich	• fristgerechte und gewissenhafte Arbeitseinstellung • akkurate Erledigung • findet Fehler	• Neigung zu übertriebener Besorgnis • Besorgt über kleinste Abweichungen • Delegiert nicht

Tabelle 1.1 Handlungsorientierte Teams – Eigenschaften, Stärken und Schwächen.[47]

Wissensorientierte Team-Archetypen				
Typ	Aufgabe im Team	Eigenschaften	Stärken	Schwächen
Plant/ Neuerer	Bringt neue Ideen und Strategien ein, sucht nach Lösungen	• Fantasievoll • Kreativ • Unorthodoxes Denkvermögen	• Individualist • Geht gerne neue Wege • Innovativer Denker • Gute Problemlösefähigkeit	• Lässt leicht praktische Aspekte außer Acht • ignoriert Nebensächlichkeiten • verträumt
Monitor-Evaluater/ Beobachter	Untersucht Ideen und Vorschläge auf ihre Machbarkeit und ihren praktischen Nutzen für die Ziele des Teams	• strategisch • besonnen • scharfsinnig • vorsichtig • klug • kritisch	• nüchtern • diskret • hohe Urteilsfähigkeit • wägt kühl ab	• wenig motivierend • Mangel an Antrieb • abwartend
Specialist/ Spezialist	Bestimmte Aufgabenstellungen verlangen ein tiefes Fachwissen als Teambeitrag	• hohe Fachkompetenz • leicht zerstreut • arbeitet lieber allein	• intensive Bearbeitung einer Aufgabe • antriebsstark • hohe Fachkompetenz	• technischer Pedant • treibt nur eigene Arbeit voran

Tabelle 1.2 Wissensorientierte Teams – Eigenschaften, Stärken und Schwächen.[48]

---

[47] Recklies, D.: 2001./ Sturmair, E.: 2008./ Belbin Deutschland e.K.: 2017.
[48] a.a.O. Fn.-Nr. 47

Kommunikationsorientierte Team-Archetypen				
Typ	Aufgabe im Team	Eigenschaften	Stärken	Schwächen
Co-Ordinator/ Koordinator	Kontrolle und Organisation der Teamaktivitäten, optimale Ausnutzung der vorhandenen Ressourcen	• ruhig • selbstsicher • beherrscht • wertschätzend • klar • würdigend	• bindet Alle ein • behält Überblick • objektive Sicht • gute Delegationsfähigkeit	• durchschnittlich kreativ • kein Spezialist • benötigt Experten • manipulativ
Team Worker/ Teamarbeiter	Hilft den Teammitgliedern effektiv zu arbeiten, verbessert Kommunikation und Teamgeist	• sozial orientiert • freundlich • empfindsam • gerne helfend • kooperativ	• Solidarität und Teamgeist fördern • Sorgt für gutes Klima • Diplomatisch • Guter Zuhörer	• Unentschlossen bei Krisen • Konfliktscheu
Resource Investigator/ Wegbereiter	Untersucht Quellen außerhalb des Teams, entwickelt nützliche Kontakte	• Extrovertiert • enthusiastisch • Begeistert • kommunikativ	• kontaktfreudig • greift Ideen auf • liebt Herausforderungen	• bleibt nicht dran • neigt zu Über-optimismus • mag keine Routinearbeiten

Tabelle 1.3 Kommunikationsorientierte Teams – Eigenschaften, Stärken und Schwächen[49]

3.2 Erfolgsfaktoren in Teams

Neben dem Rollenmodell beschrieb Belbin weitere wichtige Faktoren für den Erfolg bzw. den Misserfolg von Teamarbeit. Die von Belbin (2004) identifizierten Größen für die mögliche Erfolglosigkeit von Teams sind anschließend aufgelistet.

1. **Geistige Fähigkeit**: Besondere Berücksichtigung bei der Team-Zusammensetzung in Bezug auf die geistigen Fähigkeiten der möglichen Mitglieder. Bsp.: guter „Monitor Evulator"

   → Kritischer Faktor

2. **Negative Auslese oder Selektionsprozess**: Dieser Begriff beschreibt eine Form der Personalauswahl, die gerade im Managementbereich eingesetzt wird.

   → Schließt die geeignetsten Kandidaten zur Umkehr des Misserfolgs in Erfolg leider aus.

3. **Persönlichkeit**: Die Persönlichkeitsstruktur verlagert sich bei Entscheidungsträgern zugunsten der Unternehmensvorgaben.

   → Auftretende Probleme wie der „Concorde-Effekt" durch Spezialisten im Management

4. Team-Mitglieder ohne Teamrollen: Teamrollenkonflikte zeigten sich durch mehrfach besetzte Rollen, Überlappungen oder Nichtbesetzung essentieller Positionen. Auch die Umkehr der Teamrollen ist möglich.

---

[49] a.a.O. Fn.-Nr. 47

➔ Manche Mitarbeiter und Manager nicht kompatibel für Arbeit in Teams.[50]

Im Gegensatz dazu bestehen laut Belbin auch einige Faktoren die den Erfolg eines Teams fördern, wie zum Beispiel:

1. **Geistige Fähigkeiten**: Die geeignetste Konstellation besteht aus einem „Denker", einem weiteren klug agierenden Mitglied und einem Teamleiter mit starken geistigen Fähigkeiten.

   ➔ Verschiedene geistige Levels fördern allerdings die Zusammenarbeit im Team besser.

2. **Streuung persönlicher Fähigkeiten**: Eine gute Verteilung der Teamrollen fördert auch den Teamerfolg.

   ➔ Besonders von Nutzen ist ein „Perfektionist" und mindestens ein „Implementer".

3. **Ausgewogenheit in der Rollenverteilung und Verantwortlichkeit**: Sehr vorteilig wirkt sich eine Ausgewogenheit zwischen der Berufsanforderung und der Persönlichkeitsstruktur der Team-Mitglieder aus.

   ➔ Seltene Konstellation

Belbin formuliert aus diesen empirischen Erkenntnissen fünf Empfehlungen für die Zusammensetzung eines funktionsfähigen Teams. Jedes Teammitglied sollte über eine funktionale Rolle, sowie über eine Teamrolle verfügen. Hierbei entscheiden die Persönlichkeitseigenschaften und die mentalen Fähigkeiten des Teammitglieds über die jeweilige Rolle.[51] Des Weiteren wird die Teameffektivität durch äußere Einflüsse und der Selbsteinschätzung der Teammitglieder beeinflusst. Außerdem kann ein Team seine Ressourcen nur dann optimal nutzen, wenn eine möglichst große, ausgewogene Bandbreite an Teamrollen vorhanden ist.[52]

---

[50] Belbin, M.R.: 2004
[51] Dulewicz, V.: 1995.
[52] Belbin, M.R.: 1993

3.3 Das Rollenkonzept in der Praxis

Das Wissen bezüglich der eigenen Teamrolle, sowie die Kompetenzen der Teamkollegen hilft eine realitätsnahe Erwartung zur erbrachten Leistungen und Bedürfnissen der Teammitglieder aufzubauen.[53]

Um das Rollenmodell für ein erfolgreiches Team umzusetzen, muss das Team die entsprechenden fundierten Kenntnisse besitzen, damit sich die Stärken positiv auswirken können. Des Weiteren besteht die Möglichkeit charakteristisches Teamverhalten in Form von typischen Mustern zu erkennen und gezielt zu nutzen. Weiterhin können bestehende Teams mittels Maßnahmen zur Teamreflexivität weiterentwickelt werden.[54]

3.4 Grenzen des Rollenkonzeptes

Obwohl Belbins Modell nachvollziehbare Erklärungen für das Abweichen von Leistung und Erfolg unterschiedlicher Teams bietet, bestehen auch Schwachpunkte.[55]

In der Unternehmensrealität ist oftmals die Größe und Zusammensetzung von Teams nicht auf sechs bis acht Personen festgelegt, sondern abhängig von den zur Verfügung stehenden Ressourcen und der Aufgabenkomplexität. Das Rollenmodell nach Belbin enthält auch keine Tipps oder Anleitungen zur Effektivitätsverbesserung bestehender Teams mit mehr oder weniger als acht Personen. Zwar empfiehlt die Theorie sich unterstützende Teamrollen, wie Kreative und Koordinatoren zu kombinieren, allerdings geht sie darüber nicht hinaus.[56] Ebenso vernachlässigt das Teamrollenmodell die „Chemie zwischen den Teammitgliedern", denn ein Team kann trotz optimaler Zusammensetzung lediglich dann effektiv funktionieren, wenn eine positive, respektvolle Atmosphäre vorherrscht und Kommunikationsprozesse, sowie Konfliktbewältigung problemfrei ablaufen.[57]

---

[53] Recklies, D.: 2001.
[54] Blümke, M.: 2016.
[55] Katzenback, J.R./ Smith, D.K.: 1998.
[56] a.a.O. Fn.-Nr. 53
[57] a.a.O. Fn.-Nr. 55

Weiterhin beinhaltet der „Belbin Team Role Self Perception Inventory" (BTRSPI) Schwächen bezüglich der psychometrischen Qualität und ist daher laut Beck und Fisch (2003) nicht zur Auswahl von Personal geeignet. Folglich kann die Zusammensetzung „neuer" Teams in der Praxis auch weiterhin nicht nach Teamrollen-Präferenz erfolgen, sondern nach anderen Kriterien (Verfügbarkeit, Kompetenz etc.). Allerdings kann der BTRSPI zur Erklärung von Konflikten in bestehenden Teams und zur Diagnose von Stärken, sowie Reserven gewinnbringend eingesetzt werden.[58]

---

[58] Beck, D./ Fisch, R.: 2003.

Literaturverzeichnis

Aufgabe C1

Berthel, J.: Personalmanagement, 1995

Birker, K.: Praktische Betriebswirtschaft: Führung und Entscheidung, Taschenbuch August 1997

Boskamp, P./ Knapp, R.: Führung und Leitung in sozialen Organisationen: Handlungsorientierte Ansätze für neue Managementkompetenz, 1999

Bruns, K.: Konfliktkompetenz: Ein Muss im Führungsalltag, Arbeitsberichte des Lehrstuhls für Produktionswirtschaft, Lehrstuhl für Produktionswirtschaft, Ruhr-Universität Bochum, No. 12, 2013

Goldbecker, V./ Buchholz, G.: Transaktionsanalyse – Arbeitspapier. Abteilung Wirtschaft. Fachhochschule Hannover, 2009

Harris, T.: Ich bin o.k. – Du bist o.k. – Wie wir unser selbst besser verstehen und unsere Einstellung zu anderen verändern können – Eine Einführung in die Transaktionsanalyse. Rowohlt Taschenbuch-Verlag. Auflage 50, 1975

Hentze, J./ Kammel, A./ Lindert, K.: Personalführungslehre. Grundlagen, Funktionen und Modelle der Führung, 1997

Regnet, E./ Rosenstiel, L./ Domsch, M.E.: Führung von Mitarbeitern Handbuch für erfolgreiches Personalmanagement. Universitätsseminar der Wirtschaft <Köln>: USW-Schriften für Führungskräfte; Bd. 20, 1999

Rüttinger, R.: Transaktionsanalyse, 9. Auflage Frankfurt am Main, 2005

Stewart, I./ Joines, V.: Die Transaktionsanalyse. Herder Spektrum. Freiburg/ Basel/ Wien, 2000

Aufgabe C2

Antons, K./ Amann, K./ Clausen, A./ König, G./ Schattenhofer, O.: Gruppenprozesse verstehen, Gruppendynamische Forschung und Praxis, 2004

Antoni, C. H.: Rezension des Teamklima-Inventar (TKI) von F.C. Brodbeck, N. Anderson und M. West. Zeitschrift für Arbeits- und Organisationspsychologie, 2003

Buscher, U.: Reiche Ernte. Konzeption eines strategieunterstützenden Anreizsystems für Geldinstitute, 1997

Conrads, S./ Lang, A./ Oberhäuser, B./ Lorenz, D.: Kommunikation und Management, 2003

Dejung, K./ Moog, M.: Team- und Gruppenarbeit: Mit Geld allein nicht zu bezahlen. In: Personalführung, 1998

DeMatteo, J. S. & Eby, L. T. & Sundstrom, E. (1998). Team-based rewards: Current empirical evidence and directions for future research. Research in Organizational Behavior

DeShon, R.P./ Kozlowski, S.W.J./ Schmidt, A.M./ Milner, K.R./ Wiechmann, D.:A multiple-goal, multilevel model of feedback effects on the regulation of individual and team performance. Journal of Applied Psychology, 2004

Giesche, S.: Interkulturelle Kompetenz als zentraler Erfolgsfaktor im internationalen Projektmanagement, 2010

Gomez-Mejia, L. R. & Balkin, D. B. (1992). Compensation, organizational strategy, and firm performance. Cincinati: Press.

Grotian K./ Beelich K.H.: Kompetent handeln und lernen. In: Arbeiten und Lernen selbst managen. VDI-Buch. Springer, Berlin, Heidelberg, 2004

Haas, B.: Beschwerdemanagement: Aus Beschwerden Verkaufserfolge machen, 2010

Hering, E./ Modler, K.-H.: Grundwissen des Ingenieurs, 14.Auflage München, 2007

Katzenbach, J.R./ Smith, D.K.: The Discipline of Teams, 1993

König, O./ Schattenhofer, K.: Einführung in die Gruppendynamik Heidelberg, 2010, 4. Aufl.

Lawler, E. E. Rewarding excellence: Pay strategies for the new economy. San Francisco, CA: Jossey-Bass, 2000

Leitl, J.: Wenn die Besten den Teamerfolg begrenzen. Leitlinie für Vorstände und Geschäftsführer, Ausgabe Juli 2016, Frankfurt am Main.

Hackman, J.R.: The design of work teams. In J. Lorsch /Hrsg). Handbook of organizational behavior. Englewood Cliffs, NJ: Prentice-Hall., 1987

Müthel, M.: Entscheidungs- und Organisationstheorie: Erfolgreiche Teamarbeit in deutsch-chinesischen Projekten, 2006

Scholz, C.: Personalmanagement, 5. Auflage, München, 2000

Scholz, U.: Anreize und Auswirkungen variabler Vergütungsinstrumente: Eine praktische Untersuchung monetärer Anreizmodelle der DaimlerChrysler Ludwigsfelde GmbH, Hamburg, 2002

Scholz, C.: Vahlens Großes Personallexikon, 1. Aufl. Verlag Franz Vahlen GmbH, 2009

Snell, S. A./ Dean, J. W.: Strategic Compensation for Integrated Manufacturing: The Moderating Effects of Jobs and Organizational Inertia, 1994

Schmidt, S./ Meißner, T.: Organisation und Haftung in der ambulanten Pflege, Springer-Verlag Berlin Heidelberg, 2009

Zander, E./ Femppel, K.: Leistungsorientierte Vergütung, Köln, 2000

Aufgabe C3

Beck, D./ Fisch, R.: Entwicklung der Zusammenarbeit in Teams mit Hilfe des Teamrollenansatzes von Belbin. In: Stumpf, S./ Thomas, A. (Hrsg): Teamarbeit und Teamentwicklung. Hogrefe Verlag, Göttingen, 2003

Belbin, R.M.: A reply to Belbin Team-Role Self Perception Inventory by Furnham, Steel and Pendleton. Journal of Occupational and Organizational Psychology, 66, 3, 259-261, 1993

Belbin, R.M.: Management Teams: Erfolg und Misserfolg. Wörrstadt: Bergander. 1996.

Belbin, M.R.: Management Teams – Why the succeed or fail. 2.Aufl. GB, Rochester, Kent: Genesis Typesetting Ltd, 2004

Dulewicz, V.: A validation of Belbin´s team roles from 16 PF and OPQ using bosses´ ratings of competence. Journal of occupational and organizational psychology, 1995

Katzenbach, J.R./ Smith, D.K.: The Wisdom of Teams – Creating the high-performace organization. Harvard Business School Press, 1998

Recklies, D.: The Management – Die richtige Zusammensetzung des Teams – Belbin's Team Roles, 2001